QUEEN & COUNTRY™
1. OPERACIÓN: TIERRA ROTA

1. OPERACIÓN: TIERRA ROTA

Guión de **GREG RUCKA**

Dibujos de **STEVE ROLSTON**

Historia corta escrita por
STAN SAKAI

Portada e ilustraciones interiores de
TIM SALE

Color de la portada de
MATTHEW HOLLINGSWORTH

Introducción de
WARREN ELLIS

Agradecimientos especiales a **STEVEN BIRCH** de Servo,
por establecer el estilo de diseño original de esta serie.

Queen & Country 1: Operación: Tierra rota. (Col. Noir nº4) Junio 2005. Publicación de NORMA Editorial, S.A. Pg. Sant Joan 7, Pral. 08010 Barcelona. Tel.: 93 303 68 20 – Fax: 93 303 68 31. E-mail: norma@normaeditorial.com. NORMA Editorial, S.A. Presidente: Rafael Martínez. Director general: Óscar Valiente. Director financiero: Vicente Campos. Edición: Eva Alonso, Álex Fernández y Carles M. Miralles. Marketing: Eduardo Quindós. Derechos internacionales: Leticia González. Representación de autores: Jesusa Iglesias. Jefe de producción: Marià Martí. Coordinación de producción: Flor Castellanos. Diseño gráfico: Manu Ansemil, Alberto Basanta, Jordi Carlos, Vanessa M. Bayó, Verónica Pérez, Leo Pérez, Pau Serra y Héctor Tomás. Contabilidad: Rosa García. Departamento comercial: Sandra Pellicer y Mar Rodríguez. Distribución: Xavi Domènech y Sergio Gómez. Internet: Albert Badosa. Prensa: Josefina Blaya. Comunicación: Iván Clemente. Traducción: Ernest Riera. Rotulación: Albert Agut. ISBN: 84-9814-311-X. Depósito legal: B-19688-2005.

www.NormaEditorial.com
www.onipress.com
www.gregrucka.com

INTRODUCCIÓN
de WARREN ELLIS

Hubo una época en la que la televisión británica era inteligente y estaba hecha para los adultos. No, en serio. No eran todo programas de bricolaje y series de jardinería y tonterías grabadas con cámara oculta y toda esa basura que contamina hoy las pantallas. Si la televisión británica es, como se nos dice a menudo, la mejor del mundo, más vale que nos tiremos ahora mismo debajo de un autobús. En mi opinión, parece más bien televisión italiana (que es la peor del mundo, con diferencia). Algo en lo que la televisión británica siempre destacó con excelencia fue en las muchas facetas del *thriller* político. La psicosis existencial de **El prisionero**, la inspirada recreación que hizo McGoohan de **Danger Man**, la serie de espías realista que protagonizó durante muchos años. **Callan**, el estudio de un agente del gobierno de clase trabajadora más sombrío incluso que las historias de Harry Palmer, el turbado Sargento David Callan siempre a escasos centímetros de sufrir un ataque de nervios y de acabar con un *Dossier* Rojo decretando su asesinato, en vez de poniéndolo en práctica. Edward Woodward en **El ecualizador** es un eco lejanísimo del Edward Woodward de **Callan**. Imaginaos que los cerebros responsables de **El ecualizador** no hubiesen sido inyectados con mierda de perro, y podéis haceros una idea. **Harry's Game**, la escalofriante y desesperada historia de un agente británico en Irlanda del Norte. **Edge of Darkness**, la brillante, tremenda disección de la política nuclear de los 80. Y después de **Edge**... todavía hubo algún bombazo como **GBH**, la novela televisiva de Alan Bleasdale sobre el colapso de la política, las comunidades y las mentes, pero esto sucedía cada vez menos y a intervalos más largos. De hecho, a medida que la televisión británica perdía la chaveta, los humoristas británicos encontraban la suya. Hoy, la televisión nunca ha sido peor, y los humoristas nunca han sido mejores.

Lo que me lleva hasta **Queen & Country**, y **The Sandbaggers**.

The Sandbaggers fue producida a finales de los 70, justo en medio del período del que estoy hablando. Quizá la visión más severa hecha nunca del Servicio Secreto Británico en el extranjero giraba en torno a un pequeño equipo de operativos, los Sandbaggers del título, y su controlador, un Sandbagger superviviente que ocupa una posición que le permite enviar a los suyos al frío y a la intemperie. Y frío hacía. Guerra fría. Cálculos fríos. Cuerpos fríos. No había muchos Sandbaggers que sobreviviesen. Aquello no era, como les gustaba recordar a la gente, James Bond. La sección de Operaciones Especiales del Servicio Secreto de Inteligencia se pulía a los Sandbaggers como yo me pulía antes los cigarrillos: rápida y despiadadamente. A veces incluso se mataban entre ellos, para mantener el *status quo*, el equilibrio político o la "relación especial". Era gente capaz de conseguir todo tipo de armas en países extranjeros para realizar sus atentados y tácitos crímenes de guerra, pero no podían llevar encima nada más peligroso que una navajita cuando estaban en Gran Bretaña. **The Sandbaggers** era muy de su tiempo -el controlador, Neil Burnside, era rabiosamente anticomunista- pero era muy inteligente, nunca elegía la opción fácil, y mostraba el mundo de las agencias de inteligencia como una pesadilla de burocracia, discusiones y horror.

Lo mismo hace **Queen & Country**. Y lo hace en un escenario mucho más interesante; un mundo post-Guerra Fría donde los enemigos ya no están tan claramente definidos, y el trabajo que debe hacerse ya no está tan claramente descrito. La estructura de las agencias de inteligencia modernas está diseñada para enfrentarse a un gran enemigo con muchos brazos. Pero en un mundo donde la Unión

Soviética es ahora una pregunta del Trivial, un servicio de inteligencia tiene que fijarse en dos docenas de enemigos pequeñitos que sacuden los brazos a la vez. En 1979, las agencias de inteligencia como mínimo podían colocar sacos de arena contra la marea.

En 2001: bueno. Como muchos acontecimientos han demostrado durante este año, vivimos en tierras de aluviones. Este nuevo mundo, el mundo de **Queen & Country**, es mucho más peligroso, y tiene mucha menos lógica.

Escritores menores, Tom Clancy y su ralea, se enfrentan a sus nuevos mundos de espías y tecnopornografía metiendo chovinísticamente a otras nacionalidades en los zapatos del Imperio del Mal para poder seguir jugando a los mismos jueguecitos simples de siempre. Greg Rucka no es un escritor menor. Como autor, se crece con la complejidad política, moral y emocional. Entre el musgo de las tumbas y la hiedra venenosa. Rucka, que primero ganó notoriedad como destacable novelista criminal, escribió como primera obra para los cómics el *thriller* tremendamente inteligente **Whiteout**, una historia criminal situada en la Antártida y en la que aparece, como personaje secundario, una enigmática y poco de fiar agente británica llamada Lily Sharpe. Lily Sharpe no es muy distinta de la protagonista de **Queen & Country**, Tara Chace. **Whiteout** y el volumen que tenéis entre las manos son obras muy diferentes, con diferentes derechos adquiridos. Si no estamos afirmando que Lily Sharpe es Tara Chace, como mínimo estamos sugiriendo que, en Lily Sharpe, Greg Rucka vio los cimientos de una historia mucho mayor. Y también, bendito sea, vio **The Sandbaggers**.

Queen & Country, entonces, es una historia de espías en un mundo cada vez más complicado; un mundo real, donde cada bala tiene consecuencias, y donde cada paso que das en tu trabajo volverá para torturarte. Viendo la horrible cadena de piezas de dominó que hace caer un solitario disparo hace que **Queen & Country** sea quizá el cómic más atrayente del pasado año.

Todo lo que Rucka hace aquí es perfectamente capturado por los hábiles dibujos de Steve Rolston. Éste fue su primer trabajo profesional, cosa que nadie diría a menos que lo supiera de antemano. El ligero aire caricaturesco de las bien trazadas figuras de Steve les da una transparencia emocional: prácticamente tiemblan de odio, se hunden de cansancio, se paralizan y se les hiela la sangre por el miedo. Es difícil encontrar un artista en los cómics de aventuras que sepa cómo dibujar más de dos caras, o que sepa cómo es la ropa de verdad. Steve Rolston hace que conseguir todo esto parezca fácil. Su línea clara recuerda el estilo europeo del *thriller* en los cómics, y Rolston comparte con esos viejos maestros una atención a los detalles y la puesta en escena que hace que la historia pise con ambos pies sobre el suelo, igual que los bien observados diálogos de Rucka.

Queen & Country es uno de los mejores ejemplos que conozco de un hecho duro y frío que mucha gente se empeña en ignorar: de todos los medios narrativos visuales, los cómics son ahora el soporte en el que se hace el trabajo más inteligente y desafiante. Empezad aquí, con uno de mis favoritos.

Warren Ellis
Trafalgar Square
Diciembre 2001

Warren Ellis es el popular creador de obras tan notables de la moderna literatura gráfica como **Transmetropolitan, Planetary, Strange Kisses, Lazarus Churchyard, The Authority** *y* **Ministry of Space.**

CAPÍTULO 1

MIEMBROS

C

Nombre en código ubicuo para el actual jefe del S.S.I. Nombre auténtico, Sir Wilson Stanton Davies.

DONALD WELDON

Jefe Delegado del Servicio, supervisa todos los aspectos de adquisición de información y operaciones. Superior inmediato de Crocker.

PAUL CROCKER

Director de Operaciones, abarca todas las misiones en todos los teatros donde se desarrollan las acciones. Además de dirigir los puestos operativos, tiene el mando directo de la Sección Especial -a veces llamados Monitores- usada para operaciones especiales.

TOM WALLACE

Jefe de la Sección Especial, Agente de Operaciones Especiales con la designación Monitor Uno. Responsable del entrenamiento y la seguridad de su unidad, tanto en territorio nacional como en sus misiones. Monitor veterano con seis años de experiencia.

TARA CHACE

Agente de Operaciones Especiales, designación: Monitor Dos. Empieza su tercer año como Monitor.

EDWARD KITTERING

Agente de Operaciones Especiales, designación: Monitor Tres. Lleva en la Sección Especial menos de un año.

PERSONAL SALA DE OPERACIONES:

ALEXIS

Agente de Control de Misión (también llamada Agente Principal de Comunicaciones), responsable de mantener la comunicación entre la Sala de Operaciones y los agentes de misión.

RON

Agente de Operaciones, responsable de controlar el estatus e importancia de toda la información entrante, tanto de puestos operativos en el extranjero como de otras fuentes.

KATE

Ayudante Personal de Paul Crocker, designada A.P. D.Ops. Posiblemente el trabajo más duro y más importante del Servicio.

OTROS

ANGELA CHANG

Jefe de Delegación de la CIA en Londres. Tiene un acuerdo no oficial de intercambio de información con Crocker.

SIMON RAYBURN

Director de Inteligencia para el S.S.I. (D. Int), en esencia es la contrapartida de Crocker. Responsable de la evaluación, interpretación y diseminación de toda la información adquirida.

DAVID KINNY

El equivalente de Crocker en el M.I.5, llamado también Servicios de Seguridad, con jurisdicción limitada principalmente al interior del Reino Unido.

...A LA ESPERA...
¿PODEMOS CONTACTAR CON ELLA?
SÍ, SEÑOR. LA TENEMOS EN ENLACE CORTO, VÍA EL NÚMERO DOS DE ESTAMBUL. CÓDIGO DE LLAMADA CUERVO.
ESTÁ EN CONTACTO POR SATÉLITE CON ELLA. CÓDIGO DE LLAMADA GRAJO. ESTÁ EN POSICIÓN...
0504 (z)
OPERACION: SUELO ROTO ESTADO: PENDIENTE
KOSOVO
...LLEVA AHÍ TODA LA NOCHE.
DEBE DE HACER UN FRÍO TERRIBLE.
SÍ, SEÑOR.
...ENTRANDO EN PRIZREN AHORA.
0504 (z)
NOVI PAZAI
MITROVICA
PRISTINA
OPERACIÓN: TIERRA ROTA
ESTADO: PENDIENTE
PRIZREN
SKOPJE
LEX, ¿A QUÉ HORA SALE EL SOL AHÍ?
KOSOVO

CERO-CINCO-DIECISIETE, SEÑOR.
¿VAMOS A ABORTAR?
¿PAUL?
SI EL SOL ILUMINA SU POSICIÓN, LA DESCUBRIRÁN.
LA DESCUBRIRÁN EN CUANTO APRIETE EL GATILLO.
LA CUESTIÓN ES: ¿PODRÁ SALIR A TIEMPO?
LA CUESTIÓN ES: ¿PODRÁ ACERTAR EL OBJETIVO?
SABES QUE PUEDE, JEFE...
...POR ESO LA ENVIASTE A ELLA Y NO A MÍ.
¿LLEGADA ESTIMADA DE MARKOVSKY?
COMPROBANDO, SEÑOR...
¿¡Y BIEN...?! ¡DATE PRISA!
0507 (z)
OPERACIÓN: TIERRA ROTA
ESTADO: PENDIENTE
KOSOVO

¿SEÑOR? CUERVO AGUARDA INSTRUCCIONES.
¡PUES DILE QUE SE ESPERE! NO ES ÉL QUIEN SE JUEGA EL CULO, ¿VERDAD?

SI LA COGEN, LOS DE EXTERIORES SE ME COMERÁN CRUDO.
¡NO ME DIGAS QUE NO PEDISTE AUTORIZACIÓN!

NO PODÍA ARRIESGARME A UN NO DE WELDON.
ESTÁ CONFIRMADO, SEÑOR... MARKOVSKY HA CRUZADO LA FRONTERA DE MACEDONIA HACE VEINTITRÉS MINUTOS A TRAVÉS DEL SECTOR ALEMÁN.

BUENO, TODO LISTO PUES, ¿NO?
LEX, ORDEN A CUERVO DEL D.OPS...

...DILE QUE EL GRAJO YA PUEDE VOLAR.
SÍ, SEÑOR.
COMUNICADO PARA CUERVO, LAS ÓRDENES SON:
DEL DIRECTOR DE OPERACIONES PAUL CROCKER...
MITROVICA
PRIST
OPERACIÓN: TIERRA ROTA
ESTADO: LUZ VERDE
PRIZREN

"...EL GRAJO PUEDE VOLAR."
La última vez que pasé tanto frío fue en el Polo Sur.
¿Por qué Crocker nunca me en-vía a lugares cálidos?
Tengo que compensar el viento...
...quizá no aparezca...

Maldita...
...salga del camión, general.
Inspeccione la mercancía. Haga algo...
...déjeme disparar.
Eso es, ya han comprado las armas, ahora dé su dinero a esos simpáticos soldaditos...
Bien... bien...
...inhala...
...exhala...
...aguanta...
...y...

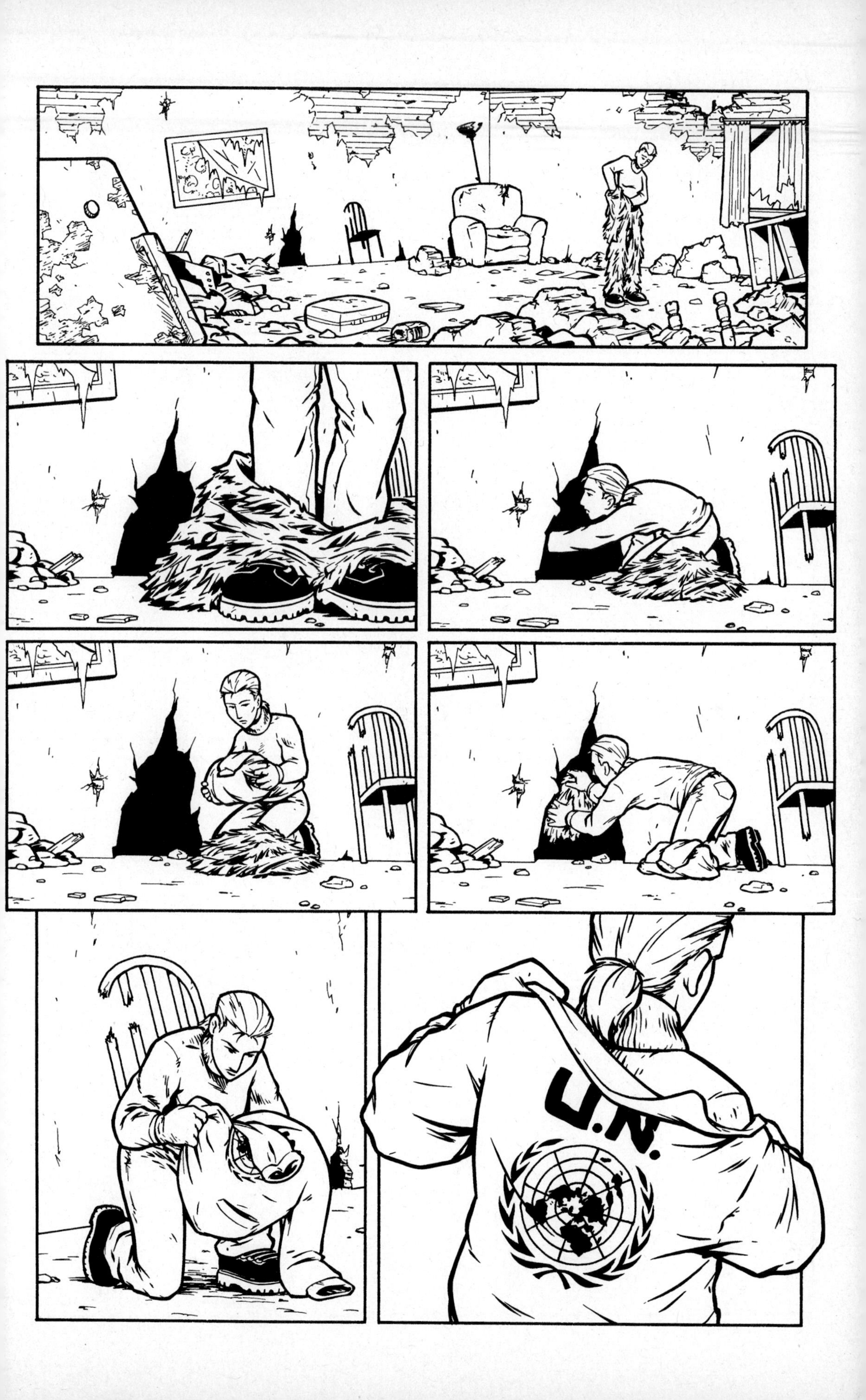
U.N.

Todo iba
tan bien...

No hace falta saber croata
para saber qué grita.

¿Qué dice siempre Wallace?

No es de la bala que lleva tu nombre escrito de la que tienes que preocuparte...
0213287

...sino de todas las demás...

...dirigidas "A quien concierna".
U.N.

Maldita sea...

...no quiero morir en Kosovo.

¿SEÑOR? INFORMAN DESDE PRIZ-REN...

¿ALGO MÁS?
SÍ, SEÑOR. UNA VÍCTIMA, MASCULINA.
...HA HABIDO DISPAROS Y UNA PERSECUCIÓN.

HA CUMPLIDO EL OBJETIVO.
¿ESO TE AYU-DARÁ A DORMIR MEJOR SI ELLA NO PUEDE RE-GRESAR?

LEX, ¿EL PLAN DE EX-TRACCIÓN?
EL CONDUCTOR DEL NÚMERO DOS DE ESTAM-BUL LA RECOGE AL NOR-TE DE PRIZREN. VEHÍCULO Y TAPADERA DE LA ONU HASTA PRISTINA...

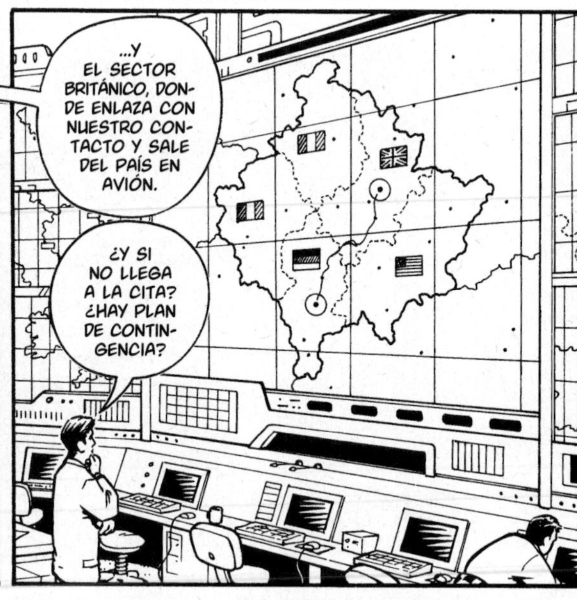
...Y EL SECTOR BRITÁNICO, DON-DE ENLAZA CON NUESTRO CON-TACTO Y SALE DEL PAÍS EN AVIÓN.
¿Y SI NO LLEGA A LA CITA? ¿HAY PLAN DE CONTIN-GENCIA?

NO, SE-ÑOR. ESTÁ SOLA.

¿Y SIN ARMAS?
SÍ. DEBÍA ABANDO-NAR LAS ARMAS DES-PUÉS DEL ATENTADO, POR SI ERA DETENIDA EN ALGUNO DE LOS PUNTOS DE CON-TROL...

OCHENTA Y SIETE KILÓMETROS DE PRIZREN A PRISTINA.
CON TROPAS DEL E.L.K., LA OTAN Y LA ONU DE POR MEDIO.
AGENTE DE OPERACIONES...

SÍ, SEÑOR, SE LO DIRÉ...
¿LO NOTIFICARÁS A EXTERIORES?
AÚN NO. TODAVÍA PODRÍA CONSEGUIRLO.

EL JEFE DELEGADO, SEÑOR. QUIERE VERLE EN SU OFICINA EN SEGUIDA.

LLAMADME SI HAY ALGUNA NOVEDAD.
¿QUÉ VAS A DECIRLE A WELDON?

DEPENDE DE LO QUE YA SEPA.

Primera regla...
...no te pares.
Segunda regla...
...busca una multitud.

U.N.

PAUL, ESPERO NO HABERTE INTERRUMPIDO.
ESTABA EN LA SALA DE OPS.
SÍ, YA LO SÉ.
LO QUE NO SÉ ES POR QUÉ TARA CHACE ESTÁ EN KOSOVO.
¿LO ESTÁ?
¡SABES QUE SÍ, MALDITA SEA!
¡HAS ORDENADO UNA OPERACIÓN ESPECIAL EN KOSOVO Y QUIERO SABER POR QUÉ!
¿¡QUÉ DIABLOS ES TIERRA ROTA?!
QUIERO UNA RESPUESTA, PAUL.
ES UN FAVOR PARA LA CIA... EL ANTIGUO GENERAL RUSO IGOR GRIGORIVICH MARKOVSKY.
MARKOVSKY SE RETIRÓ.
ES DE LA MAFIA RUSA, COMPRA ARMAS AL E.L.K. Y LUEGO LAS VENDE A LOS CHECHENOS.

LA CIA ME PIDIÓ QUE LO IMPIDIERA.

¿HAS USADO UN AGENTE DE SU MAJESTAD PARA COMETER UN ASESINATO PARA LOS AMERICANOS?

PERO NO GRATIS.
A CAMBIO, OBTENEMOS APOYO Y ANÁLISIS DE KEYHOLE PARA NUESTRAS OPERACIONES EN EL NORTE DE ÁFRICA Y EN ASIA.

INFORMACIÓN QUE NO CONSEGUIRÍAMOS DE OTRA MANERA.
ESO NO JUSTIFICA QUE ORGANICES UN ASESINATO NO AUTORIZADO.

YO CREO QUE SÍ. LA CIA NOS HACE FAVORES CONTINUAMENTE.
AHORA ME DEBEN UNA.
¿¡A TI?!

NOS.
NOS DEBEN UNA. ES BUENO PARA EL SERVICIO, SEÑOR.

ESPERO QUE ESO SEA UN CONSUELO PARA LA FAMILIA DE CHACE.

LO DUDO, SEÑOR...

...PORQUE NO TIENE.

La cita se ha ido al infier-no.
UN

Crocker tendrá una apoplejía.

Weldon ya debe de es-tar al co-rriente.
¿Quién habrá ganado la pelea?

Suerte que sólo me dio una bala que rebotó.

Pero igual-mente due-le muchí simo.

Ho-ra de irse.

Es pedir demasiado que esté la llave puesta.
Al menos la puerta está abierta.
Contacto de los antiguos. Bien.
Sólo unos segundos...
Venga, échame una mano...
...Ponte en marcha...
...Gracias...

PRISHTINE
62 km

Ahora sabremos si el tipo tiene esta cafetera en regla o no.

<¿ADÓNDE SE DIRIGE?>
<PRISTINA.>

<¿TIENE SU PERMISO?>
<TOME.>

<¿QUÉ ES ES-TO?>

<OH... UH... NADA... NO ES NADA.>
<¿PUEDE DEVOLVÉR-MELA, POR FAVOR?>

<DEME UN MINUTO.>

Eso es, eso es, ignora el permiso...
...al fin y al cabo, es una falsificación...
...y no te fijes en la sangre de la pernera de mi pantalón...
...tú míratela foto, eso es.
<TODO PARECE EN REGLA. QUE TENGA BUEN VIAJE.>
<¿ME DEVUELVE... UH...>
<¡OH! SÍ, CLARO... LO SIENTO... ¿LA FOTO ES DE USTED?>
<ES PARA MI NOVIO...>
<CLARO, CLARO...>
<...CONDUZCA CON CUIDADO.>
<GRACIAS.>

¿SARGENTO RAMSEY...?
...ME LLAMO CHACE. TARA CHACE.
EMPEZABA A PREOCUPARME, SRTA. CHACE. DEBERÍA HABER LLEGADO HACE HORAS.
HABÍA MUCHO TRÁFICO.
¡SANTO DIOS! ¿¡ESTÁ USTED BIEN?! ¿QUIERE QUE UN MÉDICO LE VEA ESO?
SI NO ES MUCHA MOLESTIA.

EN ABSOLUTO. VUELVO ENSEGUIDA.
TÓMESE SU TIEMPO...

...TÓMESE SU TIEMPO...

¿JEFE?
¿QUÉ QUIERES, TOM?

MENSAJE DEL PUESTO DE ESTAMBUL.
EL GRAJO VUELVE A CASA.

¿ESTÁ BIEN?
UN RASGUÑO EN LA PIERNA, PERO NADA SERIO.

BIEN.
MAÑANA QUIERO SU INFORME SOBRE MI MESA.

¿ALGUNA OTRA COSA?
NO, SEÑOR.
ENTONCES LÁRGATE, TOM. TENGO TRABAJO.

ÉSA ES MI CHICA.

CAPÍTULO 2

KEY
TARA'S VACANT
LIST
MOVE CAR
CLEAN FRIDGE
DO LAUNDRY
WRITE EULOGY
SCHEDULE
RANGETIME
TO ZERO
WEAPON
TUES
88-89
U.K.
PASSPORT
A-401 HUMAN RIGHTS VIOLATIONS
JANES
TS
01

LONDRES.
ОСТОРОЖНОСТЬ

...PEGAN-DO GRITOS A LA SECCIÓN RUSA.
¿QUÉ QUERÍA SU EMINENCIA D.OPS.?
RASTREAR TRANSFEREN-CIAS DE SAN PETERSBUR-GO AL LONDON MARITIME BANK O ALGO ASÍ.
AUNQUE DE POR QUÉ ESO LE QUITA EL SUEÑO A CRO-CKER, NO TENGO NI IDEA.
BUENO, ESTARÁ PLANEANDO UNA OPERACIÓN ESPECIAL.
SIN DUDA.
¿QUIÉN SABE? PUEDE QUE ESTA VEZ INCLU-SO PIDA PERMISO.
<VOSOTROS NOS JO-DÉIS...>
<...NOSOTROS OS JODEMOS.>

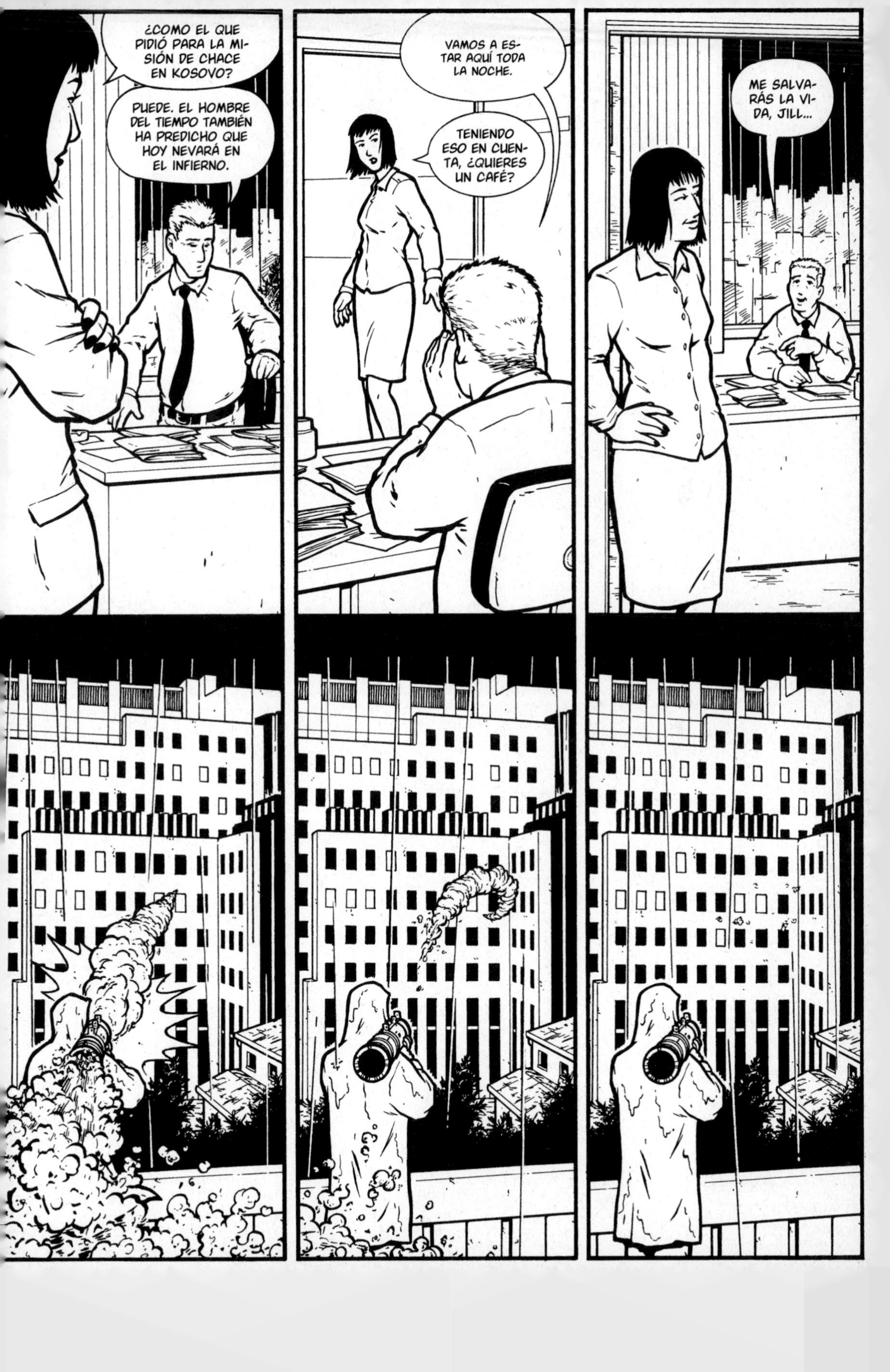
¿COMO EL QUE PIDIÓ PARA LA MISIÓN DE CHACE EN KOSOVO?
PUEDE. EL HOMBRE DEL TIEMPO TAMBIÉN HA PREDICHO QUE HOY NEVARÁ EN EL INFIERNO.
VAMOS A ESTAR AQUÍ TODA LA NOCHE.
TENIENDO ESO EN CUENTA, ¿QUIERES UN CAFÉ?
ME SALVARÁS LA VIDA, JILL...

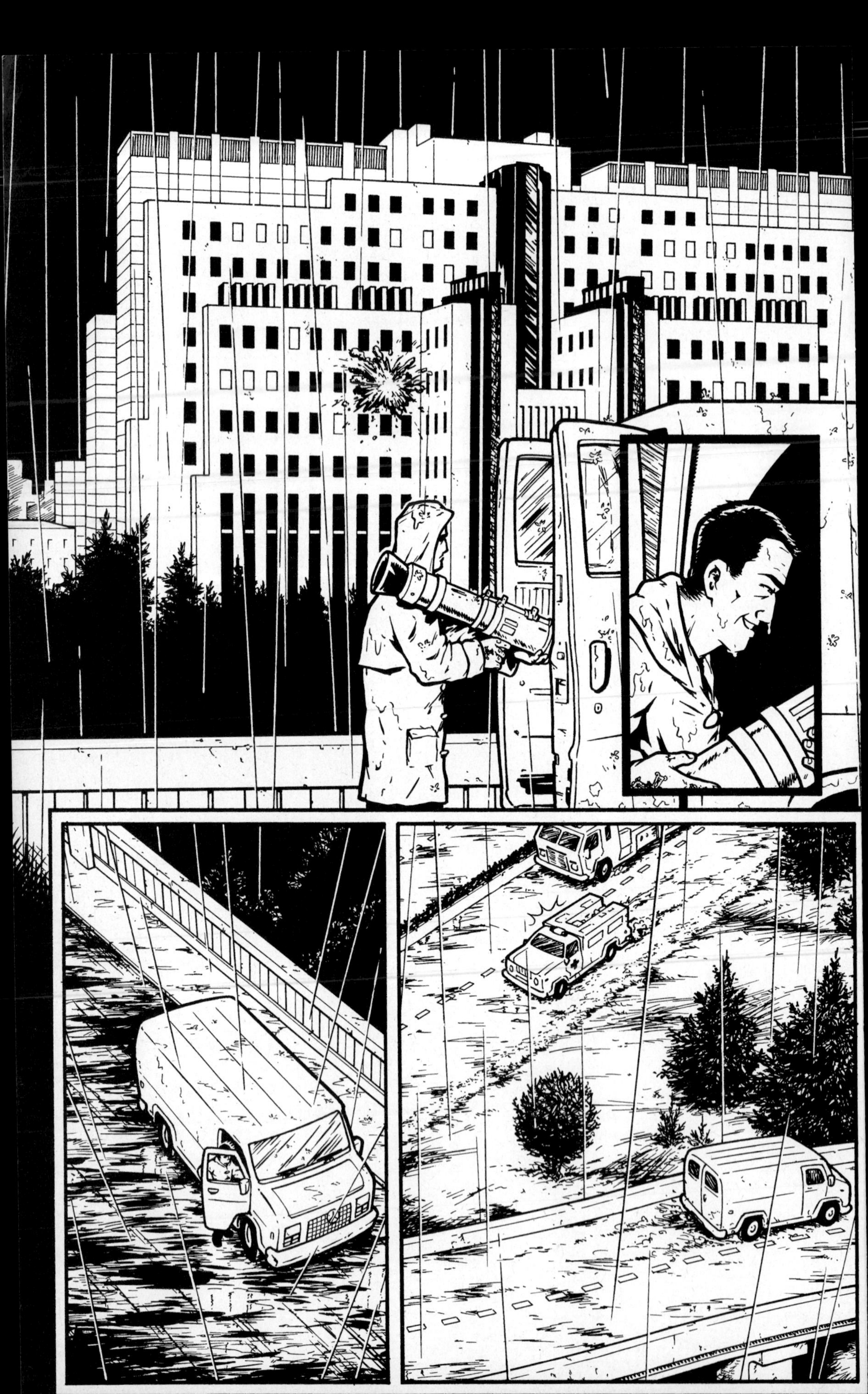

BRRT
BRRT

BRRT--
CHACE.

AGENTE DE OPERACIONES. DEL D.OPS: MONITORES A LA SALA OPS.
DIEZ MINUTOS.

MALDITA SEA.

MALDITA SEA...

RETIRE EL VEHÍCULO, POR FAVOR...
...NO PUEDE APARCAR AQUÍ.
SÍ PUEDO.
CRISTO.

¡TARA!

¿QUÉ DIABLOS HA OCURRIDO?
TÚ ERES JEFE DE SECCIÓN. DÍMELO TÚ.

SE SUPONE QUE YO TODAVÍA ESTOY DE BAJA.
NO HAY BAJAS CUANDO CROCKER CONVOCA A TODA LA SECCIÓN.

¿CÓMO TE ENCUENTRAS?
LA PIERNA, BIEN.

LAS DOS ESTÁN BIEN, EN MI OPINIÓN, PERO NO ME REFERÍA A ESO.
SÉ A QUÉ TE REFERÍAS.

...ROTACIÓN DE VIGILANCIA...
...DE DEFENSA SOBRE COHETES DE CORTO ALCANCE...
...EN INTERIOR, ENVIARÁN A ALGUIEN DEL CINCO...
¿DÓNDE DIABLOS ESTABAIS VOSOTROS?
LA LUNA DE MIEL HA SIDO CORTA, PERO DULCE.
BUENAS, ED.
HEY, TOM.
TARA. ¿QUÉ TAL LA PIERNA?
FUNCIONA.
SEÑOR.
SIÉNTATE, TARA.

A LAS CUATRO MENOS SEIS MINUTOS DE ESTA MADRUGADA, LA QUINTA PLANTA RECIBIÓ EL IMPACTO DE UN COHETE.
AHORA MISMO NO SABEMOS QUIÉN, QUÉ NI POR QUÉ.

INTELIGENCIA TRABAJA CON DEFENSA PARA INTENTAR DETERMINAR LA NATURALEZA DEL ARMA, Y LA POLICÍA HA EMPEZADO A INVESTIGAR.

¿HA SIDO MUY FEO?
DOS MUERTOS. UN HERIDO.
PUDO SER MUCHO PEOR.

NO SE TRATA DE ESO.
SE TRATA DE QUE HEMOS SIDO ATACADOS EN NUESTRA PROPIA CASA, Y NO PODEMOS PERMITIRLO.

PUES PODEMOS HACER BIEN POCO.
ES VERDAD, JEFE. ESTO ES DOMÉSTICO.

ME DA IGUAL.
NO ESTAMOS AUTORIZADOS PARA MISIONES DOMÉSTICAS, JEFE, YA LO SABES. ESO ES PRIVILEGIO DEL MIS.
NO ATACARON AL CINCO, TOM, SINO A NOSOTROS.
EXTERIORES NO DARÁ APOYO.
E INTERIOR SE OPONDRÁ.
YA VEO ADÓNDE QUIERES LLEGAR, JEFE...
...PERO SI EL S.S.I. SE ENTROMETE EN UNA INVESTIGACIÓN DEL CINCO...
¡PUEDEN INVESTIGAR HASTA MORIRSE DE GUSTO, TOM!
¡ESO NO ES LO QUE QUIERO!
¿Y QUÉ QUIERE, SEÑOR?
REPRESALIAS.

¿SEÑOR? EL JEFE DELEGADO LE QUIERE EN EL DESPACHO DE C.
DILES QUE AHORA SUBO.

OS QUIERO A LOS TRES EN BOXES.
ESPERAD HASTA QUE OS NECESITE...

...LLAMARÉ CUANDO TERMINE CON C Y CON WELDON.

¿Y MIENTRAS ESPERAMOS, QUÉ? ¿AFILAMOS LOS CUCHILLOS?

TÚ EMPIEZA A CAVAR, TOM.
OTRO CHISTE COMO ÉSE, Y ME BUSCARÉ UN NUEVO JEFE DE SECCIÓN.

¿VA A OFRECERME TU TRABAJO?
DÉJAME, TARA.

...LLEGARÁ DENTRO DE MEDIA HORA.
SE VERÁ CON CROCKER.

NO SÉ SI ESO ES SENSATO, SEÑOR...
DA IGUAL LO QUE HAYA OCURRIDO ANTERIORMENTE ENTRE ELLOS. SERÁN PROFESIONALES.

PROFESIONAL NO ES LA PALABRA QUE YO USO PARA DESCRIBIR...
SIENTO HABERLES HECHO ESPERAR.

¿ESTABA EN LA SALA OPS?
SÍ, SEÑOR.
¿NADA?

TODAVÍA ESPERAMOS QUE DEFENSA NOS DIGA ALGO SOBRE EL ARMA.
ESPERAMOS QUE ESO NOS DÉ ALGUNA PISTA.

DIFÍCIL, ¿NO CREES, PAUL? HOY EN DÍA SE PUEDE COMPRAR UN LANZACOHETES EN CUALQUIER SUPERMERCADO.
LO SÉ, SEÑOR...
...PERO AHORA MISMO NO TENEMOS NADA MÁS.

DARÁ TODA LA INFORMACIÓN QUE CONSIGA AL CINCO, CLARO.
SÍ, SEÑOR, LA COMPARTIRÉ CON ELLOS.

ESA MATIZACIÓN NO ES PROCEDENTE.
YO CREO QUE SÍ LO ES.

SERÁ SU INVESTIGACIÓN.
HAN ASESINADO A NUESTRA GENTE.
NO VOY A DEJAR QUE ESOS MEMOS DEL CINCO RESPONDAN DE ELLOS.

ESOS MEMOS, COMO USTED DICE, PAUL, SON NUESTROS COLEGAS EN INTELIGENCIA.
INSINUAR QUE LA RIVALIDAD ENTRE DEPARTAMENTOS INFLUIRÁ EN LA CALIDAD DE SU INVESTIGACIÓN ES INFANTIL.

¿NO LE PARECE?
NO ME PREOCUPA LA CALIDAD, SEÑOR, SINO EL RESULTADO.

IDENTIFICARÁN Y ENCERRARÁN EN PRISIÓN A TODOS LOS RESPONSABLES.
NO LES QUIERO EN PRISIÓN...

...LES QUIERO MUERTOS.

¿SEGURO QUE NO QUIERES IR A LA CANTINA A POR UNA MANZANA?
SOY UN GRAN GUILLERMO TELL.
QUÉ GRACIA, TOM.
ES DE MIEDO, ¿VERDAD?
YO DIRÍA QUE ESTÁ CASI A LA ALTURA DE DRÁCULA Y EL HOMBRE LOBO, SÍ.
RECORDARÉ QUE HAS DICHO ESO CUANDO PREPARE TU INFORME ANUAL.
NO ME ASUSTAS...
...HOY MISMO LE DARÁN TU TRABAJO A ELLA.
SERÁS BUENA CONMIGO, ¿VERDAD, TARA?
¿ME JURAS LEALTAD ETERNA... Y QUE VIVIRÁS Y MORIRÁS BAJO MIS ÓRDENES?
TE HABRÉ CONFUNDIDO CON OTRA PERSONA.
CREÍA QUE ERAS TARA CHACE, Y NO PAUL CROCKER.

¿EL COHETE DIO EN LA QUINTA PLANTA?
SÍ.
¿QUIÉN ESTABA TRABAJANDO ALLÍ?
JILL BARON, ALBERT COOPER, Y UN TIPO DE MANTENIMIENTO QUE SE LLAMABA RAVI.
BARON Y COOPER ERAN DE LA SECCIÓN RUSA.
ES CASUALIDAD...
...NO ERAN EL OBJETIVO.
NO, ESPECÍFICAMENTE NO...
...ÉRAMOS NOSOTROS.
TE REFIERES A TODOS... AL SERVICIO.
MUY LISTO, ED. DEBERÍAS HACERTE ESPÍA.
¿HABLA EN SERIO, EL JEFE? ¿SOBRE LO DE LAS REPRESALIAS?

...CONVERTIRLO TODO EN UNA CRUZADA PERSONAL?
NO ES UNA CRUZADA PERSONAL. ¡ES POR EL BIEN DEL SERVICIO!
SI NO SE PERCIBE QUE HEMOS TOMADO TODAS LAS MEDIDAS PARA PROTEGER Y VENGAR A NUESTRA GENTE, ¿¡CÓMO PODEMOS ESPERAR QUE CONFÍEN EN NOSOTROS!?

EXISTE ALGO LLAMADO PATRIOTISMO, PAUL. ¿HAS OÍDO HBLAR DE ELLO?
EL PATRIOTISMO NO GARANTIZA LA LEALTAD. ¡TAN SÓLO LA ORIGINA!

¿Y CUÁL ES EL COROLARIO TÁCITO DE TU CÓDIGO DE VENGANZA, EXACTAMENTE?
¿TRAICIONADNOS Y OS COSTARÁ LA VIDA?

SI ESO EVITA OTRO PHILBY, OTRO MACLEAN, OTRO BURGESS, SÍ, SEÑOR.

YA VEO.

Y SI TODO EL S.S.I. TRABAJA ATERRORIZADO, ¿NO SERÁ MÁS QUE UNA VENTAJA AÑADIDA?

¡CLARO QUE NO! PERO CONFIAR EN LA VIEJA CAN...
YA BASTA.

¿POR QUÉ NO NOS DEJAS SOLOS, DONALD?

DONALD WELDON ES EL JEFE DELEGADO.
EXIGE... CON TODO DERECHO... EL RESPETO QUE SE LE DEBE.

YO LE RESPETO.
RESPETAS EL CARGO, NO AL HOMBRE. UNA ACTITUD QUE TE BUSCARÁ PROBLEMAS, PAUL.

ERES MARGINALMENTE MÁS FÁCIL DE SUSTITUIR QUE ÉL.
NO ME OBLIGUES A ELEGIR.
ENTENDIDO, SEÑOR.

RESULTA QUE ESTOY DE ACUERDO CONTIGO.
UN ATAQUE ASÍ DEBE SER RESPONDIDO, Y DEBE VERSE QUE HEMOS RESPONDIDO.

ENTONCES DÉJEME USAR A LOS MONITORES PARA...
RESPONDER NO SIGNIFICA ASESINATO.

DAVID KINNEY ESTARÁ EN TU DESPACHO DENTRO DE DIEZ MINUTOS.
ESPERO QUE COOPERES CON ÉL.

EN SERIO, PAUL.
SÍ, SEÑOR.

KATE, LLAMA A LA EMBAJADA DE LOS USA, PREGUNTA SI CHENG ESTÁ LIBRE PARA COMER.
¿PUEDO DECIRLE DE QUÉ SE TRATA?
YA LO SABRÁ.
DAVID KINNEY ES ESCOLTADO HACIA AQUÍ DESDE RECEPCIÓN.
¿PODRÍA PERDERSE POR EL CAMINO?
LOS GUARDAS SON VIEJOS, PERO NO TANTO.
HAZLE ENTRAR CUANDO LLEGUE.
SÍ, SEÑOR.
DAVID KINNEY, SEÑOR.
GRACIAS, KATE.

PAUL.
DAVID.
TOMA ASIEN-TO.

MAL ASUNTO. LO SIENTO POR TU GENTE.
SÍ, GRA-CIAS.
¿QUÉ TE-NÉIS?

LLEVAMOS MENOS DE SEIS HORAS DE INVESTIGACIÓN.
¿QUÉ TE HACE PENSAR QUE TENEMOS ALGO?

EL HECHO DE QUE TÚ COMERÍAS CRISTALES ROTOS ANTES QUE PEDIR-ME AYUDA.

Y EL HECHO DE QUE TÚ SE LA CHUPARÍAS A UN PONY ANTES QUE DÁRMELA.

PERO SÍ, TENEMOS ALGUNA COSA.
Y TE SENTARÁ COMO UNA PATADA.

¿Y BIEN?

¿TUS MONITORES ESTÁN EN BOXES?

DEET DEET
MONITOR UNO.
¿TE SUBES A LA MOTO?
NO...
...D.OPS TE QUIERE A TI EN SU OFICINA.

MONITOR DOS ESTÁ AQUÍ, SEÑOR.
HAZLA PASAR.

¿SE-ÑOR?

CREO QUE NO CO-NOCES A DAVID KINNEY. ES MI EQUIVALENTE EN EL CINCO.

ES UN PLACER, SEÑOR.
BUENO, ESO YA LO VE-REMOS.
SIÉNTATE, TARA.

NUESTROS HERMANOS DEL CINCO SABEN QUIÉN NOS HA DESPERTADO A LAS TANTAS DE LA MADRUGADA.

UN GRUPO DE RU-SOS... TRABAJABAN PARA UN HOMBRE LLAMADO MARKOVSKY.
¿TE SUE-NA?

LO SABE
TODO AL RES-
PECTO, TARA.
TRANQUILA.

YO LE MATÉ.

SÍ, ES
CIERTO.
Y MUY HÁ-
BILMENTE, POR
LO QUE HE OÍDO.
EL PROBLEMA ES
QUE MARKOVSKY
TENÍA COLE-
GAS...
...UN MON-
TÓN.

CINCO DICE QUE LOS RU-
SOS SABEN QUIÉN APRETÓ
EL GATILLO.
VAN A POR NO-
SOTROS EN GE-
NERAL, Y A POR
TI EN PARTICU-
LAR.

TE HAS DE-
JADO LA ME-
JOR PARTE,
PAUL.

HAN PUESTO
PRECIO A SU CABEZA,
SRTA. CHACE...

...UN MILLÓN DE
DÓLARES POR LA
CABEZA DEL MO-
NITOR DOS.

¡LÁRGATE!
NO HEMOS ACA...
SIEMPRE SUPE QUE ERAS UN CABRÓN, DAVID...
...PERO NO SABÍA QUE TAMBIÉN ERAS UN SÁDICO.
QUIEREN QUE HAGA DE CEBO.
SI INTENTAN IR A POR TI, SE PONDRÁN AL DESCUBIERTO.
CUANDO ESTÉN AL DESCUBIERTO, PODREMOS ENCARGARNOS DE ELLOS...
...HACER QUE PAGUEN LO DE ESTA MAÑANA.
SUPONIENDO QUE YO SOBREVIVA.
SUPONIENDO.

¿CONOCÍA A JILL BARON O A ALBERT COOPER?
SÍ.
NO SOPORTABA A NINGUNO DE LOS DOS.

PERO EL BEDEL... RAVI DIOP...
...ERA UN BUEN HOMBRE.

DIGA A KINNEY QUE EMPEZARÉ CUANDO QUIERA.

CAPÍTULO 3

¿SIGUES AHÍ, ROSA?
SIGO AQUÍ, TULIPÁN. ¿HAS VISTO ALGO QUE VALGA LA PENA?
NO MUCHO...
...AUNQUE PODRÍA VERLO SI LA TÍA DEL 310 DECIDE PONERSE EL PIJAMA...
...PERO SIENTO INFORMAR QUE LOS VECINOS DE MARGARITA SON FEÍSIMOS.
¿SABES QUÉ PUEDES HACER, ROSA?
ESPÍA A MARGARITA. ESO SÍ QUE VALDRÁ LA PENA.
GENIAL, TULIPÁN.
MARGARITA ME MATA A MÍ, LOS RUSOS LA MATAN A ELLA...
...Y A TI TE NOMBRAN JEFE DE LA SECCIÓN ESPECIAL.
AH, HAS DESCUBIERTO MI ASTUTO PLAN...

...TE DAS CUENTA DE QUÉ SIGNIFICA ESO, CLARO.
SIN DUDA...
...SIGNIFICA QUE DEBO BUSCARME UN NUEVO PLAN.
...SIGNIFICA QUE DEBO BUSCARME UN NUEVO PLAN.
TULIPÁN, ROSA, AQUÍ MAR-GARITA.
CALLAOS DE UNA PU-TA VEZ.
GRA-CIAS.
CAMBIO Y COR-TO.

Siento que una cierta ACIDEZ de TONO está JUSTIFICADA.
Al fin y al cabo, valgo UN MILLÓN de dólares.
O al menos, eso está dispuesta a pagar la MAFIYA ROJA por mi cabeza.
No es exactamente LO MISMO, ¿verdad?
Una se pregunta cómo deben plantear una petición como ésta en particular.
Se busca: LA CABEZA de la Agente del S.S.I. Tara Chace, preferentemente en una BANDEJA...
...CUERPO opcional...

...LA VIGILAMOS TODA LA NOCHE Y NO HUBO SEÑAL DE NADA EN ABSOLUTO...

...ED ESTÁ DE GUARDIA AHORA.
¿HAS DORMIDO?
COMO SABES, SOY UN MAESTRO DEL ARTE DEL WANG-O-WANG, QUE TE PERMITE DORMIR CON LOS OJOS ABIERTOS.
INCLUSO HE TENIDO SUEÑOS. Y ALGUNO ERA HÚMEDO. ¿QUIERES OÍRLO, JEFE?

ERES LA MITAD DE OCURRENTE DE LO QUE CREES, TOM.
¿Y QUÉ TAL MONITOR DOS?
APAGÓ LAS LUCES HACIA LAS VEINTITRÉS CERO CERO...

...GRACIAS, KATE...
...DE LO QUE TARA HIZO DESPUÉS, NO TENGO NI IDEA.
NO SIRVES DE MUCHO, ¿VERDAD?
¡KATE!

¿PAUL?
¿LLAMASTE A CHENG?
CLARO QUE SÍ.
¿Y?
Y ESTARÁ LIBRE ESTA TARDE DESPUÉS DE LA UNA.
¿ANTES NO?

NO. ANTES NO.

DEBERÍA DESPEDIR-LA.

HAZLO Y NOS DESTRUIRÁS A TODOS.
A PESAR DE LO QUE KATE QUIERE HACER CREER, TOM, ELLA NO DI-RIGE EL SERVICIO.
ESTÁS MOS-QUEADO PORQUE LOS RUSOS QUIEREN CAR-GARSE A TU CHICA.

DEBÍ EN-VIARTE A TI A KOSOVO.
SEGURAMENTE. PERO YO NO HUBIESE ACERTADO A MARKOVSKY, Y... ¿DÓNDE ESTARÍAMOS AHORA?

VETE A DORMIR Y LUEGO RELEVA A ED.
TÚ OR-DENAS, Y YO OBEDEZCO.
CLASSIFIED

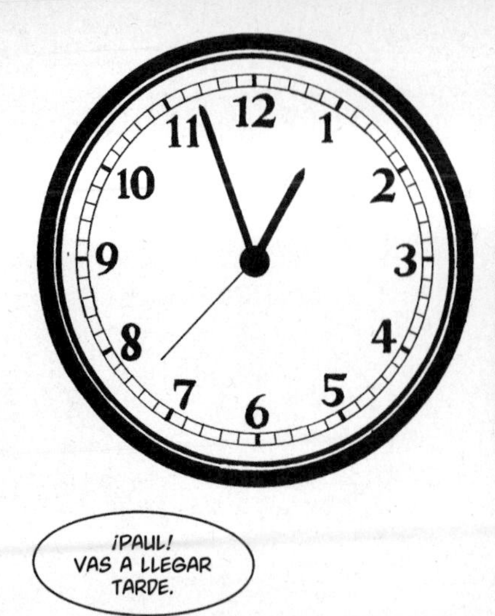
¡PAUL!
VAS A LLEGAR TARDE.

LLAMA A LA EMBAJADA, DILE QUE ESTARÉ EN EL PARQUE.
YA DEBE DE HABER SALIDO...
NO HA SALIDO, TAMBIÉN SE HABRÁ RETRASADO.

Y CUANDO LLEGUE MONITOR TRES, DILE QUE LE VERÉ CUANDO VUELVA...
PAUL.

SEÑOR.
¿VAS A SALIR?
A VERME CON CHENG.

UN MINUTO EN TU DESPACHO, POR FAVOR.

¿KATE?
SE LO DIRÉ.

ESTA MAÑANA HE VISTO UN MEMORÁNDUM DE MATERIAL SOBRE TRES WALTHER P88.
¿HAS ARMADO A LOS MONITORES?
UNOS MATONES VAN A POR CHACE EN MEDIO DE LONDRES, SEÑOR...
...CLARO QUE HE ARMADO A LOS MONITORES.
EL S.S.I. NO PUEDE PASEARSE POR LONDRES COMO EXTRAS DE UNA PELÍCULA AMERICANA DE ACCIÓN, PAUL.
ESO PUEDE HACERSE EN UN PUESTO OPERATIVO, PERO NO EN TERRITORIO NACIONAL...
Y MUCHO MENOS CON KINNEY Y EL RESTO DEL CINCO VIGILÁNDONOS.
TIENES QUE DESARMARLES.
Y CUANDO LOS RUSOS DEN EL PASO, ¿QUÉ TENDRÁ QUE HACER CHACE?
¿PESTAÑEAR DULCEMENTE Y PEDIRLES QUE NO LA ASESINEN DEMASIADO?
NO DIGO QUE VAYA A SER FÁCIL, PAUL.
PERO WALLACE, CHACE Y KITTERING SON TU SECCIÓN ESPECIAL...
...QUIZÁ SEA HORA DE DEMOSTRAR LO ESPECIALES QUE SON.

¿MAR-
GARITA?
TULIPÁN...

...TU TELÉFONO
VA A SONAR.
BRRT
BRRT

BRRT
MUY LISTO,
TULIPÁN.
¿TAMBIÉN SA-
BES EL NÚMERO
QUE VA A GANAR
LA LOTERÍA?
¿PERDONA?

CHACE.
¿TARA?
SOY PAUL.
¿SÍ, SE-
ÑOR?

HE TENIDO UNA
REUNIÓN CON EL
JEFE DELEGADO.
HA ORDENADO
QUE LOS MONITO-
RES DEVUELVAN
LAS ARMAS.

ED RECO-
GERÁ TU PISTOLA
CUANDO TOM LE
SUSTITUYA.
MUY
BIEN, SE-
ÑOR.

VOY A VER
A CHENG.
SE NOS OCU-
RRIRÁ ALGO,
TRANQUILA.
SÍ, SE-
ÑOR.

¿MARGARI-
TA? ROSA.
TULIPÁN
VA HACIA TU
PUERTA...

ERES EL ÚNICO HOMBRE AL QUE DEJO QUE ME HAGA ESPERAR.
¿NO DEJAS QUE TU EMBAJADOR TE HAGA ESPERAR?
DE HECHO, NO.
¿QUÉ HA PASADO?
WELDON QUERÍA MORDERME.
NO LE GUSTAN LOS MONITORES ARMADOS EN PLENO LONDRES.
Y NO LE CULPO. SI EMPIEZAN A DISPARAR, TODA VUESTRA PLANTA DEL SERVICIO TENDRÁ QUE EMPEZAR A REPARTIR CURRÍCULUMS.
OH, YA SÉ QUE TIENE RAZÓN, ANGELA.
PERO NO DEBERÍA ESTAR TAN SATISFECHO POR ESO.
NO SABÍAIS LO DE AMES.
¡NO ES JUSTO! NI VOSOTROS LO DE PHILBY, MACLEAN, BURGESS...
ENTENDIDO.
¿PUEDES AYUDAR?
¿CÓMO?
DÁNDOME REFUERZOS.
¿NO TIENES AL CINCO DE REFUERZO? ¿CÓMO SE LLAMA? ¿KINNEY?
DAVID KINNEY, SÍ, Y ESA NO ES LA AYUDA QUE BUSCO.
KINNEY QUIERE ARRESTARLES.

¿Y PARA ESTO QUERÍAS VERME?
NO, PERO LO HACE MÁS URGENTE.
¿CONOCES LA SITUACIÓN?
LA MAFIYA ROJA QUIERE LA CABEZA DE CHACE POR LO QUE LE HIZO A MARKOVSKY.
¿DEBO PREGUNTARTE CÓMO LO SABES?
SOY DE LA CIA. LO SABEMOS TODO.
¡POR DIOS, PAUL!
YO QUIERO MATARLES.
NOS ATACARON EN CASA, ANGELA.

¿PUEDES AYUDAR?
¿ES QUE ME PAREZCO A LADY MACBETH?
QUIEREN CAZAR A UNA DE LOS MÍOS POR UN FAVOR QUE LE HICE A LA CIA.
CHACE ELIMINÓ A MARKOVSKY A PETICIÓN DE LANGLEY.
Y LANGLEY LO AGRADECE, PAUL.
PERO NO LO BASTANTE COMO PARA PERMITIRME AUTORIZAR UNA ACCIÓN ENCUBIERTA EN EL CENTRO DE LONDRES.
PODRÍAS PREGUNTAR.

SÉ QUÉ ME DIRÁN. DIRÁN QUE NO.
Y CON TODA LA RAZÓN. ¿TE IMAGINAS LA DE MIERDA POLÍTICA QUE LLOVERÍA SI ESO SE FILTRARA?

OLVÍDATE DEL DAILY MIRROR. SALDRÍA EN EL PUTO WASHINGTON POST.
EL NUEVO PRESIDENTE NO PERMITIRÁ QUE ESO OCURRA. SU POSICIÓN ES DEMASIADO INESTABLE, AHORA MISMO.

MUY BIEN, SI NO PUEDES DARME PERSONAL, ¿PUEDES DARME ALGÚN EQUIPO?
SI VAS A DECIR LO QUE CREO QUE VAS A DECIR...

TRES PISTOLAS, DA IGUAL EL MODELO MIENTRAS FUNCIONEN.
DEBES TENER ARMAS IRRASTREABLES.
¡DIABLOS, NO! ¡PISTOLERO O PISTOLA DE LA CIA, ES LO MISMO, PAUL!

ES VERDAD. PARA USO DE NUESTRA GENTE.
¿NO TIENES NADA PARA MÍ?
SÓLO MÁS DARDOS VERBALES.

LÁSTIMA, CHACE NO ESTÁ PARA JUEGOS.
PUES ASÍ AL MENOS SALDRÍA UN POCO DE SU PISO. LOS CHAVALES SIEMPRE TIENEN LOS MEJORES JUGUETES.

TENGO QUE VOLVER A LA EMBAJADA.
SÍ.

BUENA SUERTE.

PUB

MICS
WERS
NEW

MICS
SMOKE DOG
WERS
Sidekicks
NEW

MICS
SMOKE DOG
WERS

TOYS & COMICS
SALE

¡KATE!
¿PAUL?
¿DÓNDE ESTÁ MONITOR TRES?
ESTÁ EN BO-XES, YA LLEVA AHÍ MÁS DE UNA HO-RA. PAUL...
BIEN, ASEGÚ-RATE DE QUE NO SE VAYA.
MEJOR NO, LE LLAMARÉ YO.
PAUL, DAVID KINNEY...
LLEVA ESO A DISEÑO...
...DILES QUE LO QUIERO ES-TA NOCHE, Y QUE LAS DEJEN IGUA-LES QUE LAS DE VERDAD.
DAVID KINNEY HA VENIDO A VERTE.
PAUL.
QUE LO HAGAN.
ESTA NO-CHE, COMO DE VERDAD.

ENTONCES ENTENDERÁS MIS RESERVAS.

¿TENGO QUE HABLAR CON WELDON?
TU NARIZ PARECE BASTANTE LIMPIA DE MIERDA.

BIEN.

VEO QUE SEGUÍS TAN AMIGOS.
CÁLLATE.
VA A VER A WELDON.

¿POR QUÉ?
ME ACUSA DE PROTEGER A CHACE...

...QUIERE QUE EL JD ME ORDENE QUE LE ORDENE A ELLA QUE SE DEJE DISPARAR POR LOS RUSOS.
¿CÓMO ESTÁ ESE OTRO ASUNTO?
LISTO A LAS CINCO.

BIEN.
¿ED? AQUÍ D.OPS. EN MI DESPACHO, POR FAVOR...

...¿CUÁNTOS?
AL MENOS DOS, ASÍ QUE HABRÁ EL DOBLE.
¿ESTÁ TULIPÁN?

ACABA DE LLEGAR.
ENTONCES VOY A ENTRAR.

YA VIENE.
BIEN.
¿QUIERES UNA COPA?

NO ME PARECE EL MOMENTO.
NI A MÍ.

LO SIENTO MUCHO.
¿SEGURO QUE SON ELLOS?
ELLOS, O EL CINCO.

SON ELLOS.

¿QUÉ NUEVAS TENEMOS DE MAESE CROCKER?
NOS OFRECE JUGUETES E INSTRUCCIONES.
COGEMOS UNA DE ÉSTAS CADA UNO...

...Y VIGILAMOS A TARA MIENTRAS DA UN PASEO POR EL CANAL.

¿SON PISTOLAS DE BALINES?
SÍ. TENEMOS QUE FINGIR CON ELLAS.
FINGIR.
SÍ.
AÚN ES PEOR. KINNEY HA HECHO QUE EL JD ORDENE A TARA QUE SALGA...
...LE ASEGURÓ QUE EL CINCO PROPORCIONARÍA EL APOYO ADECUADO.

EL CINCO QUIERE ARRESTOS. INTENTARÁN COGER A LOS RUSOS CON VIDA.
O SEA QUE ESPERARÁN HASTA DESPUÉS DEL INTENTO.

VOY A POR MI CHAQUETA.

TIENES DOS, MARGARITA.
ENTENDIDO.
TULIPÁN, ADELANTE.
EN MARCHA.

AQUÍ ROSA. DOS MENOS...
...LLAMARÉ A CASA PARA QUE LES RE-COJAN...
...EL RESTO ES VUESTRO.
Hay dos.
Wallace y yo PODEMOS con dos de ellos.
Hay que ele-gir el MO-MENTO.

Olvidarse del PÁNICO.

Ése es el problema.
El MIEDO.

El problema no son ELLOS. NUNCA son ellos.

Croacia o Colombia, el problema NUNCA son ellos...
ELLIS BREWERY
...sino el MIEDO.

Espera.
Espera.

Más...
...cerca...
...MÁS...
...oh, maldita sea, demasiado LEJOS...
¡SUÉLTALA! SUELTA...
...no podré. Va a disparar, acorta la distancia, corre, acorta la distancia, CORRE...
BLAM!
BLAM!
BLAM!

CAPÍTULO 4

Hay un truco que te enseñan en la Escuela.
Cuando alguien saca una PISTOLA para dispararte...
...CARGA contra él como un puto LUNÁTICO...
...Es lo ÚLTIMO que esperarían, y la mayoría de ellos no podrían darle al AGUA desde un SUBMARINO, además...
...repítete UNA y OTRA vez que lo haces por tu REINA y por tu PATRIA.

TARA.
YA ESTÁ.

HABÍA OTRO MÁS.
SÍ, NO NOS TRAERÁ PROBLEMAS.

UNA DE LAS BALAS QUE NO TE ACERTÓ, LE DIO A ÉL.
CRISTO.
YO CREO QUE ES COSA DE HOLLYWOOD.
ESTOS TIPOS VEN UNA PELI DONDE TODO EL MUNDO PEGA SALTOS Y DISPARA UN CAÑÓN CON UNA SOLA MANO...

...Y LES IMPORTA MÁS ESTAR BIEN GUAPOS DURANTE UN TIROTEO QUE SOBREVIVIRLO.

NO SE DAN CUENTA DE QUE TODAS LAS BALAS TIENEN QUE ACABAR EN ALGÚN SITIO.

HEY... ¿TOM?
¿SÍ, GUAPA?

¿SÍ, GUAPA?
DA IGUAL.
AH, EL BUEN MAESE KINNEY Y ETCÉTERA HAN LLEGADO.

¿QUÉ DIABLOS HA OCURRIDO AQUÍ?

¡TÚ! ¡CHACE!
¡QUIERO UNA RESPUESTA!

¡ESTÚPIDA ZORRA!
¡TUS ÓRDENES ERAN HACERLES SALIR, NO ENFRENTARTE A ELLOS!

SABÍA QUE CROCKER INTENTARÍA ALGO ASÍ...

...SOLTAR A SUS MATONES PARA UNA VENDETTA...
¡SEÑOR KINNEY!

VÁYASE A LA MIERDA.

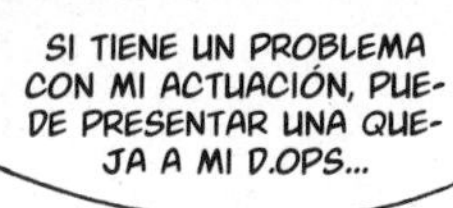
SI TIENE UN PROBLEMA CON MI ACTUACIÓN, PUEDE PRESENTAR UNA QUEJA A MI D.OPS...

...MOMENTO EN EL CUAL INFORMARÉ GUSTOSAMENTE A INTERIOR DE QUE USTED LLEGÓ JUSTO DESPUÉS DEL MOMENTO JUSTO.

MALDITA ZORRA.

...A LA GRANJA PARA INTERROGARLES.
AHORA ESTÁN BAJO CUSTODIA, Y KINNEY TIENE A SUS PREGUNTONES EN RUTA.
¿Y LOS MONITORES?
LES HE ENVIADO A CASA DESPUÉS DE QUE PRESENTARAN SUS INFORMES.
WALLACE Y CHACE VOLVERÁN A BOXES EN ESPERA ANTES DE MEDIODÍA.
¿KITTERING NO?
EDWARD ESTÁ CON LA DOCTORA CALLARD, Y TIENE EL RESTO DEL DÍA LIBRE.

EL INFORME NO MENCIONABA QUE KITTERING RESULTASE HERIDO.

ES CORRECTO, SEÑOR.
SIN EMBARGO, MATÓ A UNO DE LOS RUSOS CON LAS MANOS DESNUDAS.

AH, CLARO.
BUENO, NO TUVO OTRA OPCIÓN, ¿VERDAD, PAUL?
NO, SEÑOR.

¿ALGUNA OTRA COSA, PAUL?
¿QUÉ OCURRIRÁ CON LOS RUSOS CUANDO EL CINCO TERMINE DE INTERROGARLES?

NO LO SÉ, LA VERDAD, Y NO ME IMPORTA.
EXTRADICIÓN A MOSCÚ, SEGURAMENTE.
¿POR QUÉ?

QUERRÍA SU APROBACIÓN PARA ESTO.
¿ES ALGO INMEDIATO?

FIN DE JORNADA SERVIRÁ, SEÑOR.
MUY BIEN.
ESO ES TODO POR AHORA.

¡PAUL!
¿SEÑOR?

FELICITA A LOS MONITORES.
UN BUEN TRABAJO.
SÍ, SEÑOR.

¿HMM?
¿TÚ HAS VISTO A CALLARD?
¿LA LOCA DEL SEGUNDO PISO?
HACE TIEMPO QUE NO.

PRONTO HARÁ CUATRO AÑOS QUE NO LA HE VISTO.
¿NO FUISTE A VERLA DESPUÉS DE KOSOVO?
NO PUDE.
ESTUVE DE BAJA POR LA HERIDA. LUEGO PASÓ ESTO CON LOS RUSOS.
DEBERÍAS PEDIRLE HORA.
ESTOY BIEN, TOM.

¿QUIÉN TE HA DADO PERMISO?
...HAGO ESTO Y ME VOY.
SON LAS SEIS Y VEINTE, Y ES VIERNES...
¿¡DÓNDE ESTÁ!?

EL JEFE DELEGADO, SEÑOR.
HOLA, SEÑOR.

¿ES QUE NUNCA APRENDERÁS?
¿PUEDO SUPONER QUE LA PROPUESTA LLEGARÁ A "C" SIN SU RECOMENDACIÓN?

¡ESTO NO LLEGARÁ A "C", PAUL!
TÚ NO ORGANIZARÁS, YO NO RECOMENDARÉ, Y "C" NO AUTORIZARÁ UN ASESINATO DE ESTA CLASE.

¿QUÉ CLASE DE ASESINATO RECOMENDARÍA ENTONCES, SEÑOR?
PODEMOS LLEGAR A UN ACUERDO.

LOS RUSOS ESTÁN BAJO CUSTODIA.
SE ACABÓ. PUNTO FINAL.

MÁS VALE QUE OLVIDES TU VENDETTA...

...Y DEDIQUES TU ATENCIÓN A LAS OTRAS OPERACIONES.
BUENAS NOCHES.

¿SE HA IDO?
SÍ.
PUES LLAMA A CHENG. TENGO QUE HABLAR CON ELLA ESTA NOCHE.

CENA CON UNA DELEGACIÓN COMERCIAL A LAS OCHO...

PEPSI

Nozemack's
N
N

KATE CASI ME HA ANUNCIADO EL FIN DEL MUNDO.
¿ES EL FIN DEL MUNDO?
TE PIDO UN FAVOR.
¿PATATAS?

ME ESTABA COMIENDO UN FILETE DE TERNERA Y TÚ ME OFRECES UNA PATATA FRITA.
OJALÁ PUDIERA SER OTRA COSA. CON MI SUELDO, NO PUEDO PERMITIRME NI DECIR "FILETE DE TERNERA".

MI PENA SE DESBORDA.
¿QUÉ NECESITAS QUE NO PUEDA ESPERAR HASTA MAÑANA?
CREO QUE EL CINCO VA A PERDER A LOS RUSOS.

PERO QUÉ FRÍO HACE.
¿PERDERLES CÓMO?
NO LO SÉ. PERO WELDON HABLÓ DE EXTRADICIÓN A MOSCÚ.
CAT
HABLÉ CON RAYBURN, Y HA OÍDO RUMORES DE QUE YA SE HA CERRADO UN TRATO.
NO SABE CON QUIÉN.
D.INT OYE UN RUMOR Y TÚ ME CHAFAS LA CENA.
DÉJALO, PAUL. QUE SEA PROBLEMA DE OTRO, POR UNA VEZ.

NO ES LO QUE QUIERO.
INTENTÉ CONSEGUIR APROBACIÓN OFICIAL, PERO WELDON ME DETUVO ANTES DE QUE ME PUSIERA LAS BOTAS.
AHORA ESTÁN EN LA GRANJA, PERO NO SERÁ POR MUCHO TIEMPO. NO SÉ ADÓNDE VAN A TRASLADARLES. NO SÉ CUÁNDO.
PAUL, ¿POR QUÉ ME CUENTAS TODO ESTO? ¿QUÉ QUIERES?

BIEN.
PERO RECUERDA. LO PEDISTE TÚ.

...LA PREOCUPA-
CIÓN DE DONALD.

ES UNA
PROPUESTA
ALARMANTE,
PAUL.
DEBERÍA
SERLO.
EL PROPÓSITO DE
ESTA OPERACIÓN ES METER EL
TEMOR DE DIOS EN EL CUERPO DE
CUALQUIER GRUPO QUE QUIERA
MATAR A NUESTROS AGENTES.

ES
DEMASIA-
DO.

DISCREPO,
SEÑOR. NO ES
SUFICIENTE.
¿PERDÓN?
NOS ATA-
CARON EN
NUESTRA
CASA.
PUSIERON
PRECIO A LA CABEZA
DE MONITOR DOS.

SOMOS EL SERVICIO
SECRETO DE SU MAJESTAD,
PERO INTENTARON ATERRO-
RIZARNOS.
DEBEMOS
RESPONDER,
SEÑOR.

SE LO DEBEMOS A
CHACE Y A TODOS NUES-
TROS AGENTES.
NO POR LO QUE YA
LES HEMOS PEDIDO, SI-
NO POR LO QUE QUI-
ZÁ LES PIDAMOS.

SI NUESTROS AGEN-
TES NO SABEN QUE PE-
LEAREMOS POR ELLOS,
¿CÓMO PODEMOS PEDIR-
LES QUE DEN SU VIDA
POR NOSOTROS?
DEBEMOS
RESPONDER.

INCLUSO CONOCIENDO LA POLÍTICA DE ESTE GOBIERNO CON LOS ASESINATOS POLÍTICOS, HAS PROPUESTO LA OPERACIÓN IGUALMENTE.

NO SÉ SI ESO TE HONRA, O TE DEJA COMO UN TONTO.
DEBEMOS CASTIGAR...
ESTÁN SIENDO CASTIGADOS, PAUL.

LA GRANJA NO SON TRABAJOS FORZADOS, ¿VERDAD?
LA GRANJA NO ES EL FIN DE SU TRAYECTO.

¿ENTONCES VOLVERÁN A RUSIA?

NI SE TE OCURRA, PAUL.
AQUÍ HAY OTRAS COSAS EN JUEGO ADEMÁS DE TU HIPERTROFIADO SENTIDO DEL DOMINIO.

Y YA TE LO HE DICHO, ERES REEMPLAZABLE.

A.P., D.OPS.
KATE, AQUÍ D.OPS. ¿CUÁNTOS MONITORES HAY EN BOXES?
LA COLECCIÓN COMPLETA.
QUE VAYAN DISCRETAMENTE A LA SALA OPS. LES INFORMARÉ CUANDO REGRESE.
¿DISCRETAMENTE SERÍA "SIN QUE WELDON SE ENTERE"?
TÚ HAZLO, KATE.
CLARO, SEÑOR.

ED, SI PUEDES DEJAR DE ACOSAR A LEX UNOS MINUTOS, AGRADECERÍA QUE PRESTARAS ATENCIÓN.
NO ERA NADA, JEFE. DEL TODO INOCENTE.
SI LEX ES INOCENTE, YO SOY TU MADRE.
ESTA NOCHE SE LLEVAN A LOS RUSOS DE LA GRANJA.
SI HAY QUE HACERLO, TIENE QUE SER ENTONCES.
SI ALGUIEN TIENE ALGÚN PROBLEMA CON ESTO, QUE LO DIGA.
NO, SEÑOR.
NO LO HAN APROBADO, ¿VERDAD?
NO. ERES LIBRE DE IRTE SI LO PREFIERES, TOM.
NO VOY A NINGUNA PARTE.
ME ALEGRO.
TIENE QUE PARECER UN ACCIDENTE...

NOS LA HAN PEGADO.
¿NO HAN APARECIDO?
NADIE APARECIÓ.
WALLACE HA LLAMADO DESDE FUERA DE LA GRANJA, DICE QUE ESTÁ CERRADA A CAL Y CANTO.
DEJAD QUE ME VISTA.
ED, VUELVE A LA OFICINA. TARA, QUÉDATE.
¿ME DEJARÁ ENTRAR, ENTONCES?
A MI MUJER NO LE GUSTARÍA.

¿PRISMÁ-
TICOS?
TRÁE-
LOS.
SÍ, EN EL
MALETERO.
CABRONES.

PAUL.
YA HABÍAN CERRADO EL TRATO CON EL CINCO...
¡TÚ ERES LA CIA EN LONDRES, ANGELA!
DEBISTE DECIR-LE A LANGLEY QUE SE JODIERAN.

¡INTENTO DECIR-TE QUE ESTO NO LO HA HECHO LA COMPAÑÍA!

KINNEY HABLÓ CON EL FBI ANTES DE TENER A LOS RU-SOS EN CUSTODIA.

NO LO SUPE HASTA QUE AYER TE HICE ESE FAVOR.
DEBISTE HABERME AD-VERTIDO.

...VENGA... NO VOY A JODER AL FBI...
...Y NOS JODES A NO-SOTROS...

LE DARÉ UN CON-SEJO, SEÑOR KINNEY...
...CABRÓN, QUISO HACER MATAR A MI AGENTE...

...LA PRÓXIMA VEZ QUE ALGUIEN EMPIECE A DISPARARLE...
...Y ESTÉ DESARMADO...
...INTENTE ECHAR A CORRER HACIA EL TIRADOR...
...Y RECE PARA QUE EL TIRADOR NO SEA YO.

STAN SAKAI

La siguiente historia corta tiene lugar entre los capítulos 1 y 2 de este arco argumental.

El dibujante de la historia, Stan Sakai, ha ganado el Premio Eisner y ha creado a Usagi Yojimbo. Grises de Tom Luth.

KOSOVO.
HACE CINCO DÍAS.

ODESSA.
HACE CINCO DÍAS.
<NO HA IDO BIEN.>
<¿PERO QUÉ DIABLOS...?>
WHUMP!

<HABÍA UN FRANCOTIRADOR.>
<LA CABEZA DEL GENERAL REVENTÓ COMO UNA UVA.>
VODKA

<¿QUIÉN?>

<NO LO SÉ. NO PUDE NI VER AL TIRADOR.>
VOD

<AVERÍGUALO.>

SOFÍA.
HACE TRES DÍAS.
<¿DICES QUE FUE UNA MUJER?>

<MUJER, SÍ. CON PELO DE RUBIO. PÁLIDA.>
<¿CREES QUE ES AMERICANA?>
<PODRÍA SER AMERICANA, SÍ.>

<¡OH! Y ESTABA HERIDA, ¿SÍ?>
<¿HERIDA?>
<EN PIERNA. DERECHA, PIENSO.>

<VEN AQUÍ.>
<ENSÉÑAME HACIA DÓNDE FUE...>
ITALIAN
FRENCH
BRITISH
AMERICAN

SKOPJE.
HACE DOS DÍAS.
<...ERICH AHÍ DENTRO. ESTÁ CON UNA CHICA.>
<¿SEGURO QUE ÉL LA VIO?>

<¡YA LO CREO! TENÍA UNA FOTO DONDE SALÍA DESNUDA. ERICH NO PODÍA DEJAR DE HABLAR DE ESO.>
<FUE DESPUÉS, ¿NO?, CUANDO OÍMOS LO DEL ATENTADO.>

<GRACIAS.>

SOFÍA.
AYER
<...DES-PIERTO? BIEN.>
<INTENTA OTRA VEZ.>

<MIRA LAS FOTOS.>
<DINOS SI LA VES A ELLA.>
<...POR FAVOR, YO NO...>

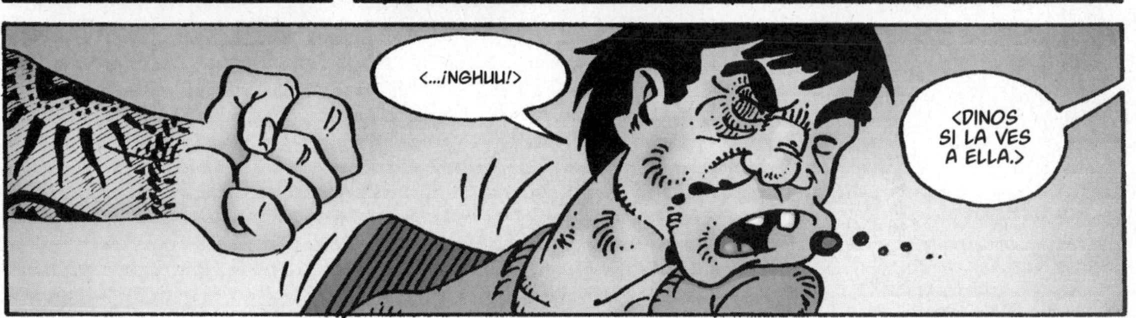
<...¡NGHUU!>
<DINOS SI LA VES A ELLA.>

BRADY, SHARI

GRIFFIN, MAGGIE

KRINGLE, CLAUDIA

PENTA, DARIA

<...POR FAVOR...>
SCHUMAN, IRENA

ODESSA.
ESTA MAÑANA.
<ES ELLA.>

<TENGO EL DOSSIER DE NUES-TROS AMIGOS DE LA FSB.>
<ES DE LA INTELIGENCIA BRITÁNICA...>

<...ESTÁ EN SU DIRECTORIO DE OPERACIONES.>
<MÚLTIPLES NOMBRES DE TRABAJO... HENDERSON, NAYLOR, ROBINSON... HAY MUCHOS.>

<NOMBRE AUTÉNTICO: CHACE, TARA FELICITY.>

<DILO A NUESTRA GENTE.>
<QUE HAGAN DAÑO A LOS BRITÁNICOS.>
<QUIERO A ESA ZORRA MUERTA.>

<UN MILLÓN DE DÓLARES PARA QUIEN ME TRAIGA SU CABEZA.>

ENTRENAMIENTO BÁSICO

Las siguientes páginas contienen ejemplos de parte del proceso de desarrollo de Steve Rolston, con los personajes desde sus bocetos hasta su diseño final, así como el proceso de esbozo/dibujo del proceso.

Primeros bocetos de Steve...

Diseños originales para Wallace, el Monitor que cambió más drásticamente en su versión final.

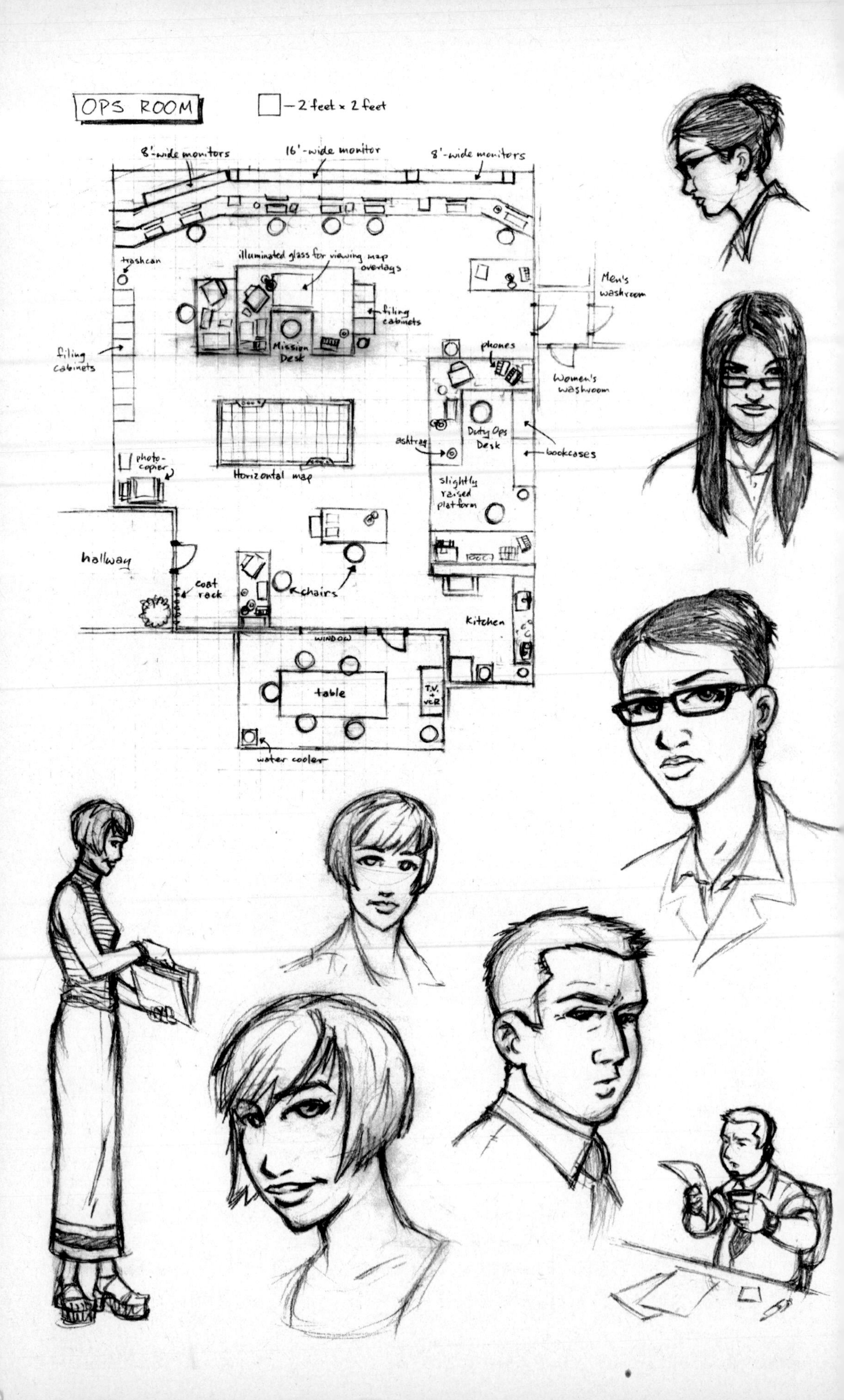
OPS ROOM
— 2 feet x 2 feet
8'-wide monitors
16'-wide monitor
8'-wide monitors
trashcan
illuminated glass for viewing map overlays
filing cabinets
Mission Desk
Men's washroom
filing cabinets
phones
Women's washroom
Duty Ops Desk
ashtray
bookcases
photo-copier
Horizontal map
slightly raised platform
hallway
coat rack
chairs
Kitchen
WINDOW
table
T.V. + VCR
water cooler

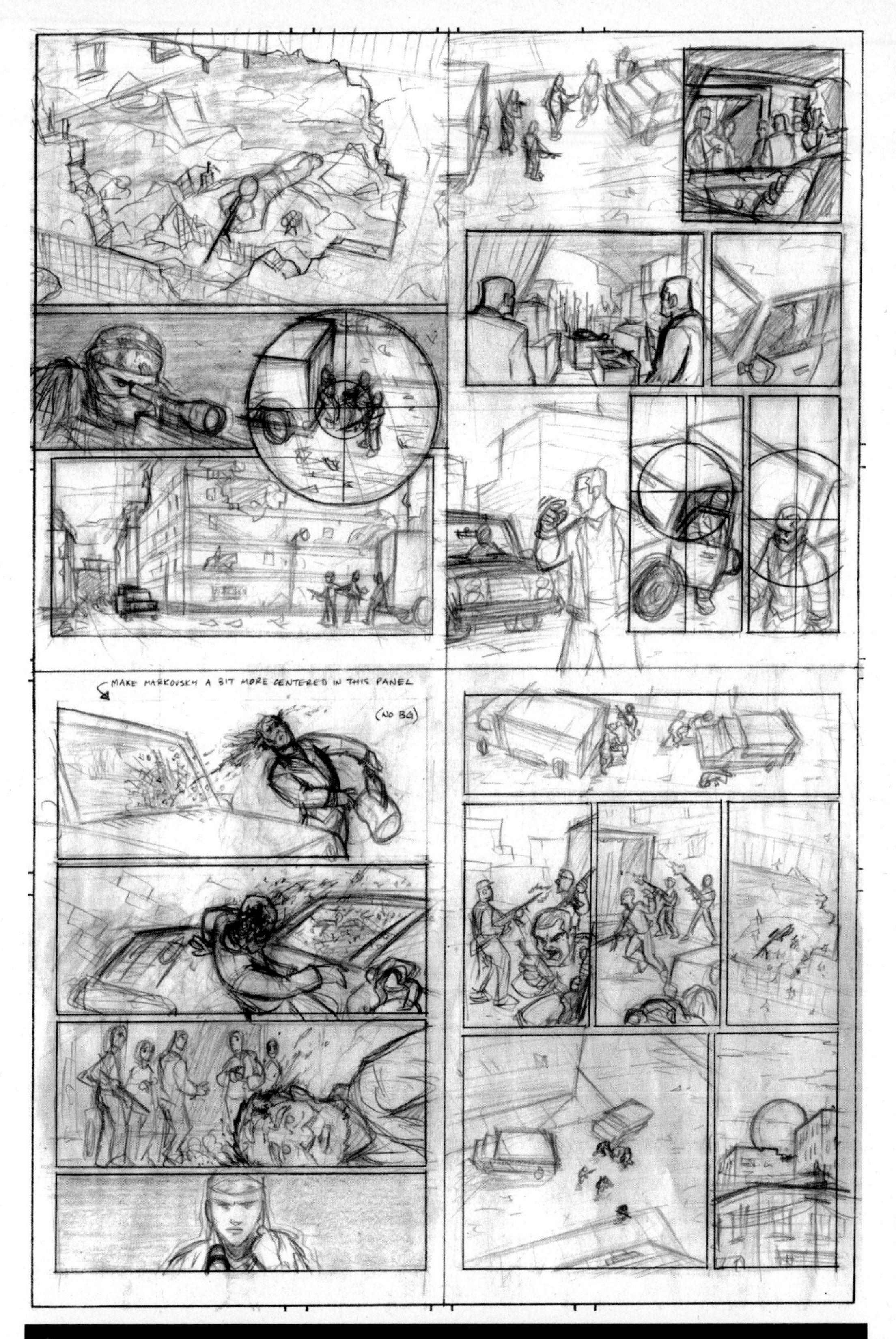

Éste es un ejemplo de cómo Steve esbozaba sus páginas a un tamaño más pequeno antes de empezar a dibujarlas a lápiz. La composición de los ángulos y el posicionamiento en esta fase le permitía realizar cambios antes de empezar el trabajo más detallado.

Caricaturas hechas en respuesta a los críticos estirados que exigían un estilo más "realista" para QUEEN & COUNTRY.

Boceto de Bryan O'Malley

Dibujo de Steve Rolston

Dibujo de J. Bone

GREG RUCKA

Nació en San Francisco, pero creció en la península de Monterey. Ha escrito algunas novelas, entre las que destacan las protagonizadas por el guardaespaldas Atticus Kodiak (como EL GUARDIÁN), y muchos cómics, como el ganador de un Eisner WHITEOUT: MELT. Vive en Portland (Oregón), con su esposa Jennifer y su hijo Elliot.

www.gregrucka.com

STEVE ROLSTON

Nació en Vancouver, en Canadá, pero creció un poco más al norte, en un pueblecito llamado Pender Harbour. Tras acabar el instituto, se trasladó a Vancouver para estudiar animación clásica en el Capilano College. Después de graduarse, pasó un par de años dibujando storyboards para estudios de animación pero, en busca de una mayor satisfacción artística, Steve abandonó el campo de la animación para dedicarse a los cómics. Para mejorar sus habilidades, creó dos webcómics con sus personajes Jack Spade y Tony Two-Fist. En el año 2000, Steve consiguió su primer trabajo profesional: el dibujo de los cuatro primeros números de QUEEN & COUNTRY. Desde entonces, ha trabajado en JINGLE BELLE JUBILEE, de Paul Dini, POUNDED, con guiones de Brian Wood, y ONE BAD DAY.

www.steverolston.com